NOTICE EDIFIANTE

SUR LA VIE

DE

JEANNE-DOMINIQUETTE EXTRÊMÉ

Membre de l'association des enfants de MARIE,
de la ville de Rochefort

PRÉCÉDÉE D'UN AVANT-PROPOS

PAR

Henri-Léon FEŸ

TOULON
IMPRIMERIE HYACINTHE VINCENT
Rue Neuve, 20

1865

NOTICE EDIFIANTE

SUR LA VIE

DE

JEANNE-DOMINIQUETTE EXTRÊMÉ

Membre de l'association des enfants de MARIE,
de la ville de Rochefort

PRÉCÉDÉE D'UN AVANT-PROPOS

PAR

Henri-Léon FEŸ

TOULON
IMPRIMERIE HYACINTHE VINCENT
Rue Neuve, 20
—
1865

AVANT-PROPOS

Il y a, sur la terre, des créatures humbles, douces et patientes, constamment attachées à leurs devoirs, compatissant à toutes les souffrances, toujours prêtes à secourir leurs semblables et possédant en entier le plus pur des trésors : celui du dévouement. Comme une tendre fleur, leur âme généreuse s'ouvre naturellement à la pitié. L'humilité du cœur les porte à de magnifiques élans de charité et d'abnégation, et de l'abnégation au sacrifice la pente est facile. Ces chrétiennes bénies sont prédestinées. Leur existence s'écoule au milieu des émotions suaves que procure la religion catholique et s'achève dans les joies pures de la plus consolante béatitude.

En ce siècle énervé, desséché par le souffle brûlant du septicisme, on est heureux de rencontrer le dévouement, là où il n'y a rien à gagner.

Pauvres pèlerins que nous sommes, qui ne faisons que passer, n'insultons ni le bourdon ni la coquille de ceux qui, par d'autres chemins que nous, accomplissent leur pèlerinage !

Nous nous proposons de retracer les humbles phases d'une existence modeste sur laquelle le flambeau de la foi chrétienne répandit constamment la lumière la plus vive. L'obscure situation de la sainte fille qui en est l'objet, la sérénité de ses jours trop tôt évanouis, la pureté de sa vie et le calme de sa mort, sont bien faits pour intéresser les âmes naïves et tendres; et, cette relation terminée, le lecteur chrétien se sentira meilleur ; il laissera, sans nul doute, son esprit flotter dans la contemplation d'une existence ornée par l'incomparable charme de la plus parfaite vertu.

Elle a passé, du matin au soir, ainsi que l'herbe des champs. — Le matin, elle fleurissait.... avec quelle grâce !

Mais ne mêlons pas de faiblesse à nos regrets.

Elle fut douce envers la mort.

On ne vit en elle, à ses derniers moments, ni cette ostentation par laquelle on veut tromper les autres, ni ces émotions d'une âme alarmée par laquelle on se trompe soi-même. Tout était simple, tout était tranquille; tout partait d'une âme soumise. Il semble que Dieu ne lui ait conservé le jugement libre qu'afin de faire durer le témoignage de sa foi.

On a vu sa main défaillante chercher encore, en tombant, de nouvelles forces pour appliquer sur ses lèvres le signe de notre rédemption.

Chassons ces idées lugubres, bien qu'elles aient dans le christianisme, une signification consolante, puisque la religion ne considère le temps que comme un passage à l'éternité, et suivons le récit de cette vie si utilement et si saintement remplie.

L'humble fille dont la modeste histoire nous occupe, se voua, dès sa plus tendre enfance, au culte de la Mère du Sauveur.

C'est dans la grâce divine, dans l'inépuisable clémence, que repose le secret des hommages rendus à Marie.

Marie a gagné plus d'âmes au ciel que tous les membres de la Trinité catholique. Principe de douceur, d'amour, de résignation, il n'y a point de lutte à engager avec elle. Quand nous avons résisté à Dieu et aux hommes; quand nous avons tout bravé, tout insulté, tout flétri, il n'est plus qu'un dominateur capable de triompher de nous : la FAIBLESSE !

Marie préside aux conversions. Elle entraîne à sa suite les âmes égarées à travers les ardents labyrinthes du ciel. Le moyen âge, à vrai dire, n'adore qu'elle. Au sein de la gloire qui l'enveloppe, à peine si vous apercevez le divin Fils qu'elle berce dans les langes de son éblouissante auréole. Ces barbares en font la rose mystique de leurs prairies, l'étoile de leur firmament; son nom devient topaze, diamant, lys de flamme au jardin poétique des litanies. Aujourd'hui encore, n'est-elle pas le dernier refuge, la dernière religion du misérable qui a tout blasphémé. Voyez les bandits des Abruzzes, le vagabond sans foi ni loi; devant qui s'agenouille-t-il? à qui vient-il porter son hommage et ses fleurs? superstition, dites-vous ! Non, mais vague pressentiment d'une mansuétude ineffable; d'une autorité médiatrice qui s'interpose entre le châtiment et le crime ; attraction irrésistible d'un principe féminin avec lequel il entre en rapport; — impérissable clarté qui tremble encore au fond des consciences les plus envahies de ténèbres.

Henri-Leon FEŸ

9 septembre 1865

NOTICE

SUR LA VIE

DE

JEANNE-DOMINIQUETTE EXTRÉMÉ

Membre de l'association des enfants de MARIE
de la ville de Rochefort

I.

Le Seigneur aime avec une tendre prédilection les petits et les humbles.

Il se plaît à choisir ses élus, au sein des conditions les plus obscures.

Le récit suivant, tracé avec une grande simplicité de cœur, en est une preuve nouvelle.

JEANNE-DOMINIQUETTE EXTRÉMÉ, naquit, en 1832, dans un village des Hautes Pyrénées : cette admirable contrée où la foi est si vive, où les mœurs toutes patriarchales rappellent l'âge d'or.

Son père et sa mère, tisserands laborieux, pourvoyaient par un travail incessant aux besoins des enfants que le Ciel leur avait donnés.

Quelques années s'écoulèrent paisiblement, mais, bientôt la maladie et la mort vinrent consterner le pauvre ménage. Le chef de la famille expira, jeune encore, laissant sur la terre une veuve de vingt-quatre ans et trois enfants en bas âge.

Au milieu de ces cruelles épreuves, la Providence vint au secours de la famille désolée et restée presque sans ressources. Elle donna à la jeune veuve assez de résignation et de courage pour continuer seule le travail quotidien — travail pénible s'il en fût — qui devait assurer la subsistance de ses enfants; et elle inspira au grand-père maternel de Dominiquette, la pensée généreuse de recueillir, afin de l'élever chez lui, cette enfant dont il était en même temps le parrain.

Le respectable vieillard inculqua de bonne heure, dans l'âme de sa petite fille, la crainte de Dieu et les principes d'une morale sévère. Il ne toléra jamais chez Dominiquette les légers défauts auxquels le jeune âge est enclin. Jamais non plus, il ne permit, à ceux de ses fils qui habitaient avec lui, de tenir, devant leur petite nièce, les propos et les plaisanteries que les jeunes gens se permettent quelquefois entre eux : éloignant ainsi, de cette âme innocente tout ce qui en aurait altéré la pureté. L'excellent homme fut amplement récompensé de ses soins, car les bonnes qualités qui germaient dans le cœur de Dominiquette se développèrent rapidement et les vertus dont elle était douée allèrent toujours en croissant, jusqu'au dernier jour de sa vie.

Pendant que le bon vieillard dirigeait ainsi l'éducation morale de sa petite-fille, celle-ci prenait sous la surveillance de sa grand'mère une part active aux travaux du ménage. Cette part était souvent très rude. Il fallait que la pauvre enfant allât sur la montagne ramasser du bois pour la provision d'hiver. Elle devait, pour cela, gravir des sentiers rocailleux et escarpés bordant des précipices, et se rendre seule dans des endroits déserts que les loups et les ours visitent quelquefois au temps des neiges. Cependant protégée par son ange-gardien, il ne lui arriva aucun mal durant ces courses fatigantes et périlleuses. Ce dur labeur ne se bornait pas là ; souvent on l'envoyait porter au foulon de lourdes pièces d'étoffes ; d'autres fois encore elle passait des journées entières et fort avant dans la nuit, à pelotonner de la laine dans l'atelier de son grand'père qui exerçait l'ingrate profession de tisserand. Constamment prête à rendre service, toujours dévouée, Dominiquette acceptait sans murmures et sans laisser échapper une seule plainte, la tâche parfois bien pesante qui lui était assignée.

Au milieu de ces occupations multipliées et se succédant sans relâche, une espérance la soutenait, une bonne pensée dominait toutes les autres et ne la quittait pas : c'était l'ardent désir de faire sa première communion. En compagnie d'une pieuse jeune fille dont elle resta, depuis lors, l'amie fidèle et dévouée, elle suivit assidûment, pendant plusieurs années, les instructions de son vénérable curé. Durant tout ce temps Dominiquette ne recula devant aucun sacrifice pour mieux se disposer à l'acte considérable auquel elle rapportait tous les autres. Enfin le jour si ardemment désiré arriva, sous les auspices de la Très-Sainte-Vierge, le huit septembre 1847 et Dominiquette eût le bonheur de s'unir pour la première fois à Jésus-Christ. Le divin Sauveur, en entrant dans cette âme pure et si bien préparée, se plût à la combler de ses faveurs les plus douces et les plus précieuses. Les émotions de cette belle journée et de celle de la confirmation qui la suivit de près, laissèrent dans le cœur de la jeune chrétienne un souvenir brûlant et ineffaçable ; aussi, chaque fois qu'elle en parlait, la joie se peignait-elle sur ses traits.

La pieuse jeune fille venait d'atteindre sa seizième année lorsque ses parents résolurent de l'envoyer à Bordeaux s'y placer comme domestique, sous la protection de son frère qui s'y trouvait déjà et qui, avant elle, avait quitté le pays afin de chercher dans cette ville du travail lucratif lui permettant de venir en aide à sa mère, et c'est dans le même but que Dominiquette allait le rejoindre. Quel sujet de profonde tristesse pour les parents et le digne pasteur que de voir cette candide enfant, sans expérience, s'éloigner d'eux et se risquer dans une grande ville où le danger est en permanence. — Mais la jeune montagnarde avait une grande dévotion envers la Sainte-Vierge qui la protégea depuis, tout particulièrement, dans les moments les plus difficiles de sa vie.

Arrivée à Bordeaux, elle se plaça chez un entrepreneur très honorable, qui occupait plusieurs ouvriers. Ce voisinage d'un atelier dangereux pour beaucoup d'autres domestiques inexpérimentées, ne servit qu'à faire ressortir davantage la vertu solide de Dominiquette. Malgré son jeune âge et sa figure avantageuse, ni les fils de ses maîtres, ni les ouvriers n'osèrent lui adresser aucune plaisanterie familière, ou légèrement inconvenante, tant elle leur en imposa par son air réfléchi et sa tenue réservée et modeste.

Après un court séjour de quelques mois dans cette maison, Dominiquette entra chez une dame dont le départ précipité l'obligea bientôt à chercher une autre condition. Ce fut alors qu'elle entra dans une maison où elle devait passer les quatorze dernières années de sa vie. L'exellente fille s'attacha promptement à ses nouveaux maîtres et ne cessa dès lors de leur prodiguer les preuves d'un dévouement sans bornes, prenant une part sincère à leurs épreuves comme à leurs joies. Elle était attentive et prévenante pour sa maîtresse ; elle s'acquittait avec conscience de son travail, soignant les enfants qui lui étaient confiés avec beaucoup d'affection et la plus attentive intelligence. Tout en les gardant, Dominiquette apprenait à coudre et à repasser le linge sous la direction de son excellente et vertueuse maîtresse. Comme la bonne volonté ne lui fit jamais défaut, elle parvint, au bout de quelques années à posséder les talents de lingère et de couturière sans avoir jamais été en apprentissage.

La pensée de son devoir l'occupait constamment. Elle chérissait la solitude au milieu de laquelle elle élevait son âme à Dieu. Elle n'éprouvait aucun plaisir à sortir et, docile aux bons enseignements de sa maîtresse Dominiquette ne cherchait pas à lier connaissance avec les autres filles de sa condition. Elle se contentait de la société de l'autre domestique qui était son amie d'enfance, sa chère compagne de première communion. Son frère, qu'elle aimait tendrement et dont elle était tendrement aimée, venait souvent la voir et ces visites étaient fructueuses par les entretiens sages et moraux qui faisaient le charme et l'utilité de leurs conversations. Tous deux, du reste, se quittaient plus forts, meilleurs et plus satisfaits l'un de l'autre. Cette profonde et vive tendresse du frère pour la sœur adoucit beaucoup les derniers moments de celle-ci.

Au milieu de cette vie paisible, les bonnes qualités de Dominiquette se développèrent de plus en plus ; elle arrivait progressivement à la perfection : cet idéal du monde moral comme il l'est du monde physique ; en sorte que sa piété devint plus tendre et plus vive. Les sentiments élevés de cette âme d'élite acquirent une délicatesse exquise qui étonnait parfois ceux qui connaissaient ce cœur devenu angélique, car son caractère éprouva vers cette époque, une heureuse transformation ; de vive, avec une légère tendance à la susceptibilité, défaut inhérent à la plupart des méridionaux, elle devint d'une douceur et d'une patience édifiantes, surtout dans les dernières années de sa vie.

Dominiquette joignait à une activité prodigieuse pour les ouvrages de couture et les travaux du ménage, un esprit d'administration remarquable. Elle surveillait tout ; se multipliait, pourvoyant à tout avec tant d'ordre et d'économie que sa maîtresse s'en remettait à elle pour les soins de la maison. — Lorsque quelqu'un de la famille était malade, l'excellente fille ne tenait plus aucun compte de sa santé si délicate. Les veilles et les fatigues paraissaient ne lui rien coûter ; elle s'y consacrait avec joie et laissait sans cesse tomber de ses lèvres des paroles de consolation et d'encouragement.

Jamais garde-malade, habituée à veiller ceux qui vont mourir, n'exécuta avec plus d'intelligence et de ponctualité les ordonnances du médecin. Mais c'est surtout auprès des trois enfants qu'elle avait vu naître que l'on a pu apprécier, comme ils le méritent, son zèle et son dévouement. Tous reçurent d'elle des soins véritablement maternels, et lorsque la mort impitoyable vint ravir successivement ces pauvres petits anges à leur famille, Dominiquette en ressentit un très-amer chagrin et les pleura comme s'ils eussent été ses véritables enfants.

Tant de rares, tant de précieuses qualités; l'éclat d'une vertu si modeste et si pure, lui attirèrent l'estime et l'affection de ses maîtres, qui la considérèrent toujours comme un membre de leur famille.

De son côté, pénétrée du sentiment de ses devoirs et le cœur rempli de gratitude pour la douceur et l'aménité avec laquelle on la traitait, Dominiquette avait voué à cette honnête famille, à sa maîtresse surtout, une confiance et un respect sans limites. C'est à cette bonne mère si cruellement frappée dans ses chers enfants, que notre sainte fille confiait ses peines et ses chagrins; elle avait pris l'habitude louable de lui faire confidence de ce qu'elle faisait, pensait, ou disait :
« Lorsque je lui ai dit tout ce que j'ai sur le cœur,
» répétait-elle parfois, je me sens plus à l'aise, je n'y
» pense plus, cela me console et je m'endors bien
» tranquille. »

Dominiquette eut aussi, elle, sa part d'épreuves ; — hélas! qui peut se flatter de ne l'avoir pas en ce monde, — mais elle les supporta chrétiennement, c'est-à-dire avec patience et résignation, et les fit tourner au profit de son âme. Elle eut la douleur de perdre plusieurs membres de sa famille ; puis dans quelques voyages entrepris par ses maîtres pour visiter leurs parents, elle fut singulièrement et très souvent froissée des vexations et des taquineries d'autres domestiques avec lesquels elle se trouvait en contact journalier et qui, ne sachant pas ou n'ayant pas eu le temps d'apprécier ses vertus, se riaient d'elle et la tourmentaient avec une persistance maligne.

A tous les propos inconvenants qui froissaient sa sensibilité native, blessaient au vif son âme tranquille et pure, et qui offensaient son honnête susceptibilité, elle opposa toujours une invincible patience et la plus scrupuleuse réserve dans son langage et dans sa manière d'être.

Cette conduite sage, chrétienne, exempte d'affectation et d'une simplicité qui est comme le parfum de la probité morale, en imposa aux ignorants qui la tourmentaient ; aussi, un respect involontaire pour sa charmante candeur s'empara-t-elle de ces personnes sans jugement, et dans la suite, elles s'abstinrent totalement de se livrer en sa présence, à leurs conversations légères ou déshonnêtes.

Un autre des côtés remarquables de la vie de Dominiquette, c'est sa piété filiale. Non contente d'envoyer à sa mère de l'argent et de temps en temps quelques cadeaux utiles, elle amassait toutes ses économies dans la pensée de lui venir en aide lorsque l'âge aurait commandé le repos ; se trouvant heureuse et fière en même temps de pouvoir la dédommager des sacrifices que cette bonne mère s'était jadis imposés pour ses enfants. Ce fut là le but constant que se proposa d'atteindre cette admirable fille.

Quant à son propre avenir, elle ne s'en inquiétait pas : elle s'abandonnait à la divine Providence. Du reste, elle avait comme un secret pressentiment de sa mort prématurée : « On dit que je ressemble à mon
» père, disait elle un jour, je mourrai au même âge
» que lui et je serai bien heureuse de mourir. » — Fatales paroles qui devaient sitôt se réaliser !

Le mauvais état de sa santé obligea Dominiquette à se rendre aux eaux de Bagnères-de-Bigorre, non loin de son pays natal, dans ces splendides Pyrénées qu'elle revit avec tant de bonheur. — Semblable à l'ange de paix, elle employa le temps passé dans son hameau à rapprocher les uns des autres quelques membres de sa famille dont l'union était un peu troublée. Sa haute sagesse fut attentive à éteindre les ferments de discorde que de minces et puériles discussions d'intérêt avaient créées parmi quelques-uns de ses parents. Elle partit donc, emportant l'estime et l'affection générales de ceux qui l'avaient connue particulièrement. — Un peu plus tard, elle fit un autre voyage pour revoir son frère qui s'était marié et afin de lier des relations affectueuses avec sa belle sœur. Cette jeune femme s'attacha fortement à Dominiquette et lui fit les instances les plus vives pour la retenir à Toulon où elle pouvait gagner sa vie, soit en se plaçant comme femme de chambre à des gages élevés, soit en travaillant à la journée. Son frère joignit ses offres à celles de sa femme et l'engagea à demeurer avec eux; mais, bien qu'elle eût toujours une vive tendresse pour les siens et qu'elle les aimât de tout son cœur, elle préféra retourner auprès de ses excellents maîtres puisqu'elle était obligée de travailler et d'autant mieux que les servant plus encore par affection que par intérêt, elle se serait très difficilement résolue à vivre loin d'eux.

II.

Dans le courant de 1863, les forces de l'excellente fille trahirent son courage; elle s'affaissait lentement mais fatalement; ses douleurs augmentaient, sans, cependant, lui rien faire perdre de sa sérénité ordinaire. Elle acceptait ses maux avec résignation; le moindre murmure, le plus léger mouvement de révolte ne s'échappèrent jamais de ses lèvres pâlies. Elle offrait ses souffrances à Dieu, cherchant dans la réception plus fréquente des sacrements la force de supporter les épreuves auxquelles elle allait être soumise.

Elle appartenait depuis plusieurs années à l'OEuvre de la Propagation de la Foi et aux pieuses conférences du Saint-Rosaire et du Saint-Scapulaire. Elle désira se mettre encore plus qu'auparavant sous la protection de l'Immaculée Mère de Dieu et sollicita la faveur d'entrer dans l'association des enfants de Marie. Elle fut reçue aspirante au mois de septembre. Dès lors, sans doute, elle chercha à se rendre de plus en plus digne du beau titre d'enfant de Marie.

Vers cette époque la maladie du cœur dont elle était atteinte fit des progrès rapides. A leur retour d'un voyage ses maîtres trouvèrent la pauvre Dominiquette hors d'état de vaquer à ses occupations et devant garder le lit presque constamment La pensée de ne pouvoir continuer à faire son devoir et la crainte d'être trop souffrante pour se rendre à la chapelle de l'association le jour de la réception des enfants de Marie, la préoccupaient plus encore que les douleurs qu'elle endurait. Enfin, cependant, elle pût aller, appuyée sur le bras d'une de ses parentes, recevoir le titre qu'elle ambitionnait depuis longtemps. La pauvre Domini-quette s'en fut donc, non sans peine, à la paroisse pour y faire ses dévotions. Ce fut la dernière fois qu'elle eut le bonheur d'entendre la sainte-messe... le soir elle s'alitait pour ne plus se relever.

Son état devint si grave, que l'on jugea prudent de prévenir sa mère. La pauvre femme accourut en toute hâte et peu de jours après son arrivée, la malade eut une crise violente qui la mit aux portes du tombeau. Elle reçut les derniers sacrements avec ferveur, se recommanda aux prières des assistants, fit ses dispositions avec le plus grand calme et, d'une voix défaillante, tâcha de consoler sa mère : « ne pleurez pas, « maman, disait-elle, « je suis bien contente de mourir. » Le bon Dieu me fait une belle grâce. — Mais la dernière heure de cet ange, n'avait pas encore sonné à l'horloge de l'éternité. La crise passa, la malade se trouva mieux. Dieu la laissait sur la terre pour être l'édification de ceux qui l'entouraient.

Les témoignages de bienveillance et de sympathie qu'elle reçut du Directeur des enfants de Marie, de la Directrice, de la Présidente et de presque tous les membres de l'association la touchèrent vivement. — Aujourd'hui, n'en doutons pas, elle leur témoigne sa reconnaissance en priant pour eux.

Malgré de cruelles souffrances, Dominiquette ne laissa jamais échapper une parole, un murmure, ou un signe d'impatience. Entièrement soumise à la volonté divine, elle ne demandait ni à vivre ni à mourir. Elle parlait de sa mort prochaine aussi paisiblement que d'autres projettent un voyage, et prit avec un très grand calme les dispositions nécessaires pour assurer à sa mère le revenu de ses économies. Elle légua aussi une petite somme au curé de sa paroisse et une aumône pour faire dire des messes à son intention.

Une dernière joie, lui était cependant encore réservée : son frère dont elle était si tendrement chérie et sur qui elle reportait presque tous les trésors de son affection, fit un long et coûteux voyage pour avoir la triste consolation de dire un suprême adieu à cette sœur bien aimée.

Cependant, cette âme si riche de vertus et de souffrances, allait bientôt prendre son essor vers le ciel. Les symptômes d'une fin prochaine, se produisirent chez la malade, et dans les premiers jours de janvier, le médecin déclara que l'art n'avait plus de ressources.

La veille de sa mort, Dominiquette reçut une dernière visite de son Dieu qui était venu plusieurs fois la consoler sur son lit de douleur. Pendant la nuit du 10 au 11, les souffrances de la pieuse fille devinrent plus aiguës et presque intolérables. Elles se prolongèrent toute la matinée du lundi. — La pauvre malade comprit que l'heure suprême approchait ; elle demanda qu'on lui donnât le reliquaire qui renfermait des ossements de Saint-Dominique, son glorieux patron; prit le crucifix qu'on lui présentait, pria qu'on prévînt son confesseur, fit de tendres adieux à sa mère, à sa chère et bonne maîtresse, aux jeunes personnes de la maison et aux autres assistants, puis leur dit avec un doux sourire: « Au revoir dans le ciel!! — Elle invita les assistants à se mettre en oraison ; une des personnes présentes commença à haute voix les prières des agonisants; à diverses reprises, elle interrompit sa lecture, craignant de fatiguer la mourante mais celle-ci lui demanda dé continuer en disant « priez! cela me « calme. »

Lorsqu'elle reçut la dernière absolution, son agonie commençait, bien qu'elle eût encore toute sa connaissance. Un instant après, Dominiquette sentit la respiration s'affaiblir peu à peu comme si elle allait lui manquer. Sa belle âme, impatiente de s'élancer vers Dieu et vers la Sainte-Vierge Marie, rompit enfin ses liens terrestres, mais si doucement que l'on n'entendit pas son dernier soupir.

C'était le 11 janvier 1864. Elle avait près de trente-deux ans.

Telle a été la mort, précieuse devant le Seigneur, de Jeanne-Dominiquette Extrémé; cette digne enfant de Marie dont la vie peut se résumer ainsi : piété, dévouement, charité.

Tous ceux qui l'ont connue et qui la pleurent comme on pleure les prédestinées, garderont fidèlement sa mémoire, et prient la Très-Sainte-Vierge de leur inspirer, ainsi qu'aux personnes qui entendront le récit de cette vie édifiante, le désir de pratiquer les vertus dont la pieuse Dominiquette vient de donner l'exemple, afin de mériter, comme elle, la couronne que Marie réserve à ses enfants bien-aimés.

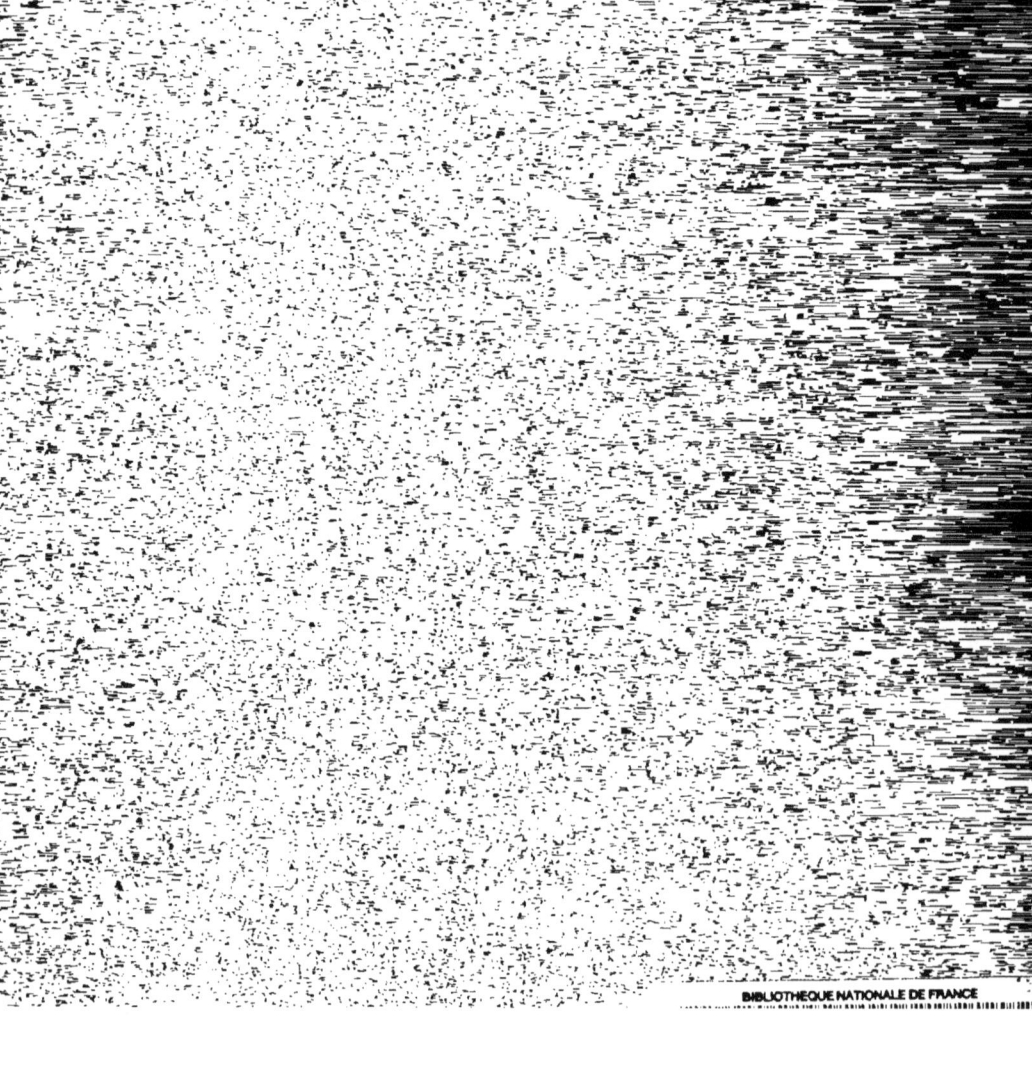

www.ingramcontent.com/pod-product-compliance
Lightning Source LLC
Chambersburg PA
CBHW060723050426
42451CB00010B/1589